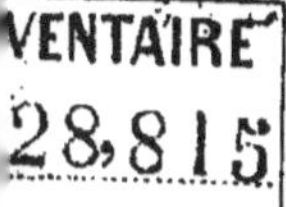

# PLUS D'AUTRICHE.

RÉSULTAT

DU RÉTABLISSEMENT DES

# NATIONALITÉS EUROPÉENNES

PAR

E. LATERITIUS.

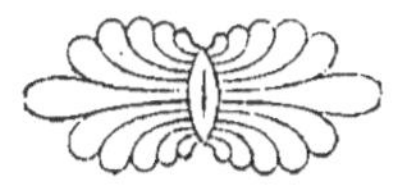

PARIS

GARNIER FRERES, LIBRAIRES-ÉDITEURS,

215, Palais-National. — 10, rue Richelieu.

1849

# PLUS D'AUTRICHE.

Corbeil, imprimerie de CRÉTÉ

# PLUS D'AUTRICHE

## RÉSULTAT

DU RÉTABLISSEMENT DES

## NATIONALITÉS EUROPÉENNES

PAR

E. LATERITIUS

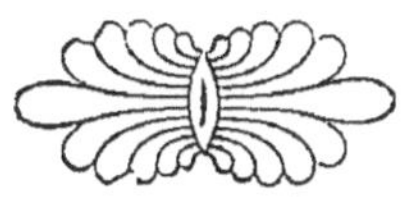

PARIS

GARNIER FRÈRES, LIBRAIRES-ÉDITEURS,

215, Palais-National. — 10, rue Richelieu.

1849

# PLUS D'AUTRICHE.

---

SOMMAIRE. — I. Introduction. — II Ce que c'est qu'un peuple. — III. Description physique de l'Europe. — IV. Origine, histoire et importance relative des races européennes. — V. Origine, importance relative, langue et habitation de chacun des peuples qui en descendent. — VI. Ce qu'il faut à un peuple pour être une nation. — VII. Importance des vingt et une puissances dominatrices de l'Europe. — VIII. Peuples et fractions de peuples soumis à une domination étrangère. — IX. Modifications qu'entraînerait le rétablissement des nationalités. — X. Moyen de les accomplir pacifiquement. — XI. Solution des difficultés d'accomplissement. — XII. But et formation d'une puissance unitaire. — XIII. Vienne, capitale de l'Europe. — XIV. Conclusion.

## I

S'il est un principe universellement reconnu par la démocratie, c'est celui de la souveraineté des peuples, et si le souffle révolutionnaire soulève ceux-ci l'un après l'autre, ce n'est que pour réaliser ce principe dans sa première application, l'indépendance des nationalités.

Tous les organes libres de la presse, toutes les voix indépendantes la réclament, mais aucun ne spécifie en quoi cette réalisation consiste. En vain ai-je cherché à savoir ce que c'est qu'un peuple, combien il y en a en Europe, quelle est la population de chacun, quelle surface il occupe, quelles puissances le dominent, ce qu'il lui faudrait pour devenir une nation ?... à toutes ces questions je n'ai trouvé que cette réponse creuse, paraphrasée de différentes manières :

*L'indépendance des nationalités est la conséquence de la souveraineté des peuples !*

Il m'a semblé cependant qu'en ce moment où la guerre des races se développe en Europe, la solution de ces questions ne serait pas sans intérêt, et c'est le travail que j'ai entrepris pour y arriver que j'offre aujourd'hui à la publicité.

Je ne crois pas être exempt de critiques, je puis être tombé sur des documents erronés, je puis n'être pas d'accord avec la majorité des savants sur quelques points litigieux de linguistique, mais si imparfait qu'il soit, cet essai ne peut qu'éclairer des questions fort obscures, soit en y portant lui-même la lumière, soit en provoquant des esprits plus éminents à s'en occuper.

## II

Avant d'aborder un sujet qui a pour base les peuples de l'Europe, il est nécessaire de définir ce que j'entends par ce mot : *Peuple.*

Dans son acception primitive, il désignait tous les descendants d'un même père, tous les rejetons d'une souche commune ; c'est dans ce sens qu'on en a dérivé le verbe *peupler;* mais alors tous les habitants de la terre ne formeraient qu'un peuple immense ayant Adam et Eve pour aïeux.

Cette conclusion qui nous fait tous frères est sublime au point de vue de la religion, mais inapplicable en politique, et voici pourquoi :

Ce peuple primitif, ces fils d'Adam n'ont pas tardé à former une multitude assez nombreuse, attendu que dans ces temps-là, on procréait beaucoup et on vivait longtemps ; alors, quelques-uns d'entre eux, partisans de l'indépendance, allèrent hardiment dresser à part leur tente patriarcale, et par la suite des siècles, engendrèrent à leur tour des familles, des tribus considérables.

Par la suite des siècles aussi, le langage inculte, plus gesticulé que parlé, que ces fondateurs de tribu avaient emporté de la mère-patrie, fut perfectionné par leurs descendants ; seulement, perfectionné dans chaque tribu d'une manière différente, il perdit son unité et se métamorphosa en autant de langues particulières.

Or, quand plus tard, des hommes de ces tribus que le temps et l'espace avaient séparées, vinrent à se rencontrer, ils essayèrent en vain de se comprendre ; idées, langage, mœurs, tout était différent, ce n'était plus le même peuple.

Force est donc à la politique d'en admettre plusieurs, différenciés par leur langage, car seul, il est la clef de leur diversité comme celle de leur unité partielle.

Et de fait la *Parole* étant le lien des idées, toute agglomération d'hommes, qui n'a pas une langue commune, se trouve par cela seul privée d'idées générales et ne saurait en conséquence exister comme société.

J'appellerai donc *Peuple* l'ensemble de tous les hommes parlant la même langue.

Ceci compris, voyons ce que Dieu avait fait pour les Européens et ce que ceux-ci ont fait de l'œuvre de Dieu.

## III

Le Créateur des mondes a couvert le nôtre d'eau sur les trois quarts de sa surface; le restant, la terre habitable surgie de cet Océan, est répartie entre une innombrable quantité d'îles, dont la plus grande, berceau du genre humain, est celle qu'on appelle l'Ancien-Monde.

A l'orient de cette île immense, s'élève le commencement d'une longue chaîne de montagnes, qui se dirige vers le couchant, mais arrivée vers le milieu de l'île et alors que ses puissantes cimes vont chercher dans les nues le séjour des neiges éternelles, elle se bifurque, et à l'occident de l'île viennent aboutir deux chaînes, l'une au Nord, l'autre au Midi, laissant entre elles un espace où se glisse l'Océan.

Les terres que soulève sur ses flancs la chaîne orientale se nomment l'Asie; celles qui accompagnent la chaîne méridionale constituent l'Afrique et celles enfin qui s'étendent de chaque côté de la chaîne septentrionale forment l'Europe. Nous n'avons à nous occuper que de ces dernières.

De la chaîne principale, épine dorsale de l'Europe, naissent d'autres chaînes secondaires qui lui servent de contre-forts; en sorte que sur chacun de ses versants, elle offre, d'un contre-fort à l'autre, des étendues de terrain dont tous les cours d'eau se réunissant en un seul dans la principale vallée, comme au fond d'un bassin, y forment un fleuve qui donne son nom au bassin tout entier.

De même qu'il est utile d'indiquer sommairement le lieu d'une scène avant d'y introduire les acteurs, de même nous allons décrire succinctement les bassins de l'Europe, dans l'ordre où ils se présentent en arrivant de l'Orient et en commençant par le versant septentrional ou extérieur.

C'est d'abord celui des affluents de l'Obi ou plutôt de l'Irtich, grand fleuve asiatique, puis celui de la Petchora, premier fleuve européen que l'on rencontre sur ce versant ; le contre-fort qui les sépare est le minéralogique Oural. Après la Petchora, coulent la Dvina et l'Onega qui affluent à une section particulière de l'Océan, nommée la mer Blanche. Puis viennent les affluents de la Newa ; mais entre ceux-ci et l'Onega s'avance un contre-fort allongé qui finit par se diviser en deux branches se recourbant en arrière et circonscrivant ainsi deux fractions de l'Océan, à droite, la mer Blanche et à gauche, celle que l'on nomme Baltique.

La branche gauche, de beaucoup la plus puissante, s'élève sous le nom d'Alpes Scandinaves et va se terminer à son tour en deux rameaux entre lesquels descendent le Glomnen et les petits fleuves qui l'avoisinent.

Le versant intérieur de la courbe de droite envoie quelques petits affluents à la mer Blanche, et appartient au bassin de l'Onega. Le versant extérieur des deux courbes envoie à l'Océan un grand nombre de petits fleuves qui constitueront pour nous deux bassins, séparés par un prolongement du contre-fort se terminant au cap du Nord : celui de la Tana à droite et celui du Namsen à gauche, du nom du plus important cours d'eau de chacun d'eux. Quant à ceux qui arrosent l'intérieur de la courbe de gauche, ils formeront un bassin affluent à la Baltique et qui tirera son nom de la Tornéa, petit fleuve qui en est le centre.

Outre celle-ci et le Glomnen qui lui arrivent des Alpes Scandinaves, la Baltique reçoit encore, venant de la dorsale, la Newa susmentionnée, la Duna, le Niemen, la Vistule et l'Oder, et grossie de tous ces fleuves, elle débouche dans une autre section de l'Océan appelée mer du Nord. Dans celle-ci tombent à leur tour, l'Elbe, le Weser et le Rhin.

Le contre-fort qui sépare le bassin de ce dernier fleuve du bassin suivant est remarquable par sa longueur : plongeant un instant sous l'Océan, il reparaît pour former la dorsale de la Grande-Bretagne, île considérable qui touche presque à la partie continentale de l'Ancien-Monde; vers l'extrémité de cette île, un rameau qui se détache à gauche, retourne en arrière et disparaissant aussi pour quelque temps sous les flots, revient former parallèlement à la Grande-Bretagne une autre île plus petite nommée l'Irlande; après quoi le contre-fort, continuant sa chaîne sous-marine, forme, au moyen de quelques pics, l'archipel des Fœroë, puis plus loin surgit de nouveau sous le nom d'Islande.

Entre le continent et la Grande-Bretagne reposent deux mers, séparées par le passage sous-marin du contre-fort; à droite la mer du Nord déjà citée, laquelle après avoir reçu de la Grande-Bretagne, la Tamise et les cours d'eau qui s'y rattachent, débouche dans l'Océan, et à gauche, celle que l'on nomme la Manche.

Entre les deux îles britanniques existe aussi une section de l'Océan qui a nom mer d'Irlande et qui reçoit de l'île de ce nom, la Boyne, et de la Grande-Bretagne, la Severn, avec les auxiliaires de leurs bassins respectifs.

La Manche, avant de se perdre dans l'Océan ne reçoit guère d'affluent important que celui que la dorsale verse vers elle, la Seine. Après le bassin de celle-ci, viennent ceux de la Loire, de la Gironde, de l'Adour, du Duero séparé du précédent par les monts Pyrénées, du Tage, de la Guadiana, et enfin celui du Guadalquivir, dernier fleuve du versant extérieur de la chaîne européenne.

Arrivés ainsi à l'extrémité occidentale de la dorsale et avant de parcourir les bassins de son versant méridional ou intérieur, jetons un coup d'œil sur la mer qui sert de réservoir à ceux-ci.

De beaucoup la plus vaste de toutes celles qui nous ont déjà passé sous les yeux, cette mer l'était encore davantage autrefois; non contente d'étendre ses flots, comme à présent, des rivages de l'Europe à la côte africaine, elle pénétrait encore jusqu'au pied de la bifurcation asiatique ; mais, dans ces parages, ses eaux n'avaient sur plusieurs points que très-peu de profondeur, et là, le tribut des fleuves ne compensant pas l'évaporation d'une grande surface, peu à peu son niveau baissa et les terres se montrèrent. Dès lors, des portions de mer se trouvèrent isolées dans les parties les plus basses de ces terres nouvelles, et bien qu'elles aient maintenant l'apparence de lacs salés, la tradition, qui rappelle leur origine, a conservé aux deux plus grands le nom de mers; c'est la mer Caspienne et la mer d'Aral. C'est dans cette dernière, ou au milieu des sables qui l'entourent, que se perdent les premiers cours d'eau qui descendent du versant intérieur; ils font partie du bassin du Djihoun, principal tributaire de cette mer, qui descend, lui, de la chaîne méridionale; aussi le terrain qu'ils sillonnent n'appartient pas à l'Europe. Le premier bassin de cette partie de l'Ancien-Monde que l'on trouve à gauche de la dorsale, en venant de l'Asie, est celui de l'Oural; ce fleuve et le Wolga qui forme le bassin suivant, le plus grand de l'Europe, débouchent dans la mer Caspienne.

Le contre-fort qui limite à l'occident ce dernier bassin, se divise bientôt en deux branches, dont l'une, s'allongeant, va rejoindre un contre-fort de la chaîne méridionale, le Caucase, et par cette jonction, isole la mer Caspienne de la grande Mer intérieure, sur le bord de laquelle aboutit l'autre branche. Entre les deux, coule le Don qui se jette dans une petite fraction de cette grande mer, fraction nommée mer d'Azof.

Du Caucase arrivent deux fleuves, séparés par la jonction du contre-fort wolgaïque, l'un, le Terek, rejoint la mer ou plutôt le lac Caspien, l'autre, le Kouban, tombe dans la mer d'Azof. Celle-ci débouche à son tour dans une division plus grande de la mer intérieure, ayant nom mer Noire, et c'est dans cette dernière que descendent de la dorsale, le Dnieper dont le bassin confine à celui du Wolga, le Dniester et le Danube, le plus grand des bassins de l'Europe après celui du Wolga.

Le contre-fort qui sépare le bassin du Danube du suivant, après s'être prolongé longtemps sous le nom d'Alpes orientales, se termine en deux branches dont l'une, celle de gauche, aboutit à l'entrée de la mer Noire, tandis que celle de droite, disparaissant peu à peu sous les flots, forme par ses hauteurs l'Archipel le plus important de l'Europe. Entre ces deux branches est le bassin de la Maritza qui déverse ses eaux dans la portion de mer baignant cet archipel et en prenant le nom.

C'est aussi là que débouche la mer Noire, après avoir franchi deux détroits successifs entre lesquels elle prend le nom de mer de Marmara. Chargée de ces eaux, la mer de l'Archipel communique à son tour, par plusieurs ouvertures, avec la principale mer intérieure nommée la Méditerranée.

Le contre-fort suivant de la dorsale est le massif énorme des Alpes proprement dites, dont la plus puissante branche trace, sous le nom d'Apennin, une ligne d'abord parallèle aux Alpes orientales et limitant, premièrement, le bassin du Pô, qui coule entre eux deux, puis en second lieu, la mer à laquelle il arrive et qui forme, sous le nom d'Adriatique, un autre affluent de la Méditerranée.

En quittant l'Adriatique, la branche apennine décrit à droite une courbe sous-marine, dont les hauteurs produisent successivement les îles dites de Sicile, de Sardaigne et de Corse. L'île de Malte est une île africaine.

Si le versant gauche de l'Apennin appartient au bassin du Pô, l'autre versant envoie à la Méditerranée plusieurs petits fleuves dont nous ferons un bassin général sous le nom du plus célèbre d'entre eux, le Tibre. Ce bassin est borné à l'ouest par une autre branche des Alpes qui aboutit à la mer, en le séparant du Rhône, fleuve descendu de la dorsale, après le Pô. Enfin le bassin de l'Ebre qui suit, nous ramène à l'extrémité de la chaîne européenne.

Une fois notre domaine connu, voyons comment les races humaines se le sont partagé.

## IV

Au midi de la chaîne asiatique, non loin de la bifurcation centrale, s'étendent les plaines les plus élevées de notre planète, et si l'on se reporte par la pensée à ces temps reculés, où la terre à peine refroidie n'était habitable qu'aux lieux les plus éloignés de la chaleur centrale du globe, on concevra facilement que ce haut plateau dut être l'habitation du peuple primitif, et que les chefs de races qui, les premiers, s'en éloignèrent, durent suivre, par la même raison, les chaînes de montagnes qui s'y rattachent, seuls chemins alors praticables.

Mais la chaîne septentrionale disparaissant dès son origine dans les marais où se confondaient alors les eaux de l'Irtich et de l'Aral, força les premiers émigrants qui foulèrent le sol de l'Europe à y arriver par la chaîne méridionale. Celle-ci les conduisit jusqu'au détroit qui sépare la mer Noire de la mer de Marmara. Ce détroit franchi, ils trouvèrent devant eux le long contre-fort des Alpes orientales qui les amena jusqu'au massif central des Alpes où, rencontrant enfin un climat moins brûlant, ils dressèrent leurs tentes.

Ces premiers habitants de l'Europe, ce peuple qui en est presque indigène, tant sa prise de possession remonte à une époque éloignée, est le peuple des Gaëls, dont les descendants forment encore plus du tiers de la population européenne.

Quand l'embrasement de l'atmosphère fut un peu diminué et eut rendu accessibles les parties basses de la terre, les Gaëls, de plus en plus nombreux, descendirent des lieux élevés (Elevétie) où ils vivaient, en suivant naturellement les chemins que leur frayaient les fleuves; c'est ainsi que les vallées du Rhin, du Danube, du Pô et du Rhône se peuplèrent de leurs premiers habitants.

Mais l'Europe ne pouvait demeurer le domaine exclusif des Gaëls; un des peuples qui avaient suivi la chaîne africaine, les Ibères, parvenu à l'extrémité occidentale de celle-ci, franchit le détroit qui forme l'entrée de la Méditerranée et envahit l'Europe par le bout de sa chaîne dorsale; mais arrêtés bientôt par les Gaëls, les Ibères se contentèrent d'occuper les bassins où ils se trouvaient. Ils y sont encore, mais tellement réduits qu'ils forment à peine la deux cent-cinquantième partie de la population de l'Europe.

Entamé d'un bout, le domaine des Gaëls devait aussi l'être de l'autre, car à peine le retrait des eaux de la mer Intérieure eut-il laissé à sec, entre autres terres, le passage de la chaîne septentrionale, qu'une nouvelle émigration du peuple primitif s'en servit pour arriver à l'Oural, d'où ses descendants se répandirent sous le nom d'Ouraliens, sur tout le versantextérieur de l'Europe jusqu'à la Baltique, et plus tard sur le versant intérieur, vers le Danube moyen.

C'est encore dans ces deux foyers que se trouve aujourd'hui la plus grande partie de ce qui reste de ce peuple, lequel compte à peine dans la population de l'Europe pour un vingtième.

Ayant d'un côté les Ibères, arrêtés par leur faiblesse, de l'autre, les Ouraliens, perdus dans l'éloignement, les Gaëls, augmentant toujours en nombre, étaient encore maîtres du centre de l'Europe, quand un peuple puissant, les Germains, parti comme eux de la chaîne méridionale et marchant sur leurs traces, vint le leur disputer.

Ces derniers, dans leur route, abandonnèrent bientôt les Alpes orientales pour la vallée du Danube, qu'ils remontèrent jusqu'à sa source.

Devant cette irruption, les Gaëls reculèrent, et laissant aux Germains les vallées du Danube et du Rhin, s'étendirent sur les rives de la Seine, de la Loire, de la Gironde, dans les îles Britanniques et même, refoulant les Ibères, s'établirent aussi parmi eux.

Pendant longtemps ces deux grands peuples se partagèrent l'Europe, l'un au nord, l'autre au midi, et encore aujourd'hui, si les Gaëls sont les plus nombreux, les Germains sont les plus puissants, leur domination s'étendant sur le plus grand nombre d'individus; mais enfin, de nouveaux flots humains, partis de l'Asie, vinrent à leur tour réclamer leur place.

De ces nouveaux venus, arrivés comme les Germains par la chaîne méridionale, les uns franchissant le Caucase s'établirent sur les deux versants du contre-fort du Wolga, et ce sont les Slaves; les autres, poursuivant leur route jusqu'à la mer de Marmara, se fixèrent sur les bords de cette mer, aux environs de la Maritza et dans les îles de l'Archipel, et ce sont les Grecs.

Les Slaves s'étendirent aux dépens des Germains, et surtout des Ouraliens qu'ils refoulèrent vers le nord; les Germains, à leur tour, refluèrent sur les Gaëls, en envahissant l'île de la Grande-Bretagne et sur ces mêmes Ouraliens qu'ils repoussèrent des plaines scandinaves; en sorte que ce dernier peuple, rejeté par de puissants voisins vers les froides régions de l'océan Glacial, ne put s'y développer et perdit chaque siècle de son importance.

Aujourd'hui les Slaves, aussi nombreux que les Germains, forment avec ceux-ci et les Gaëls la puissante trinité qui régit les Européens.

Quant aux Grecs, si leur domination matérielle fut éphémère, si maintenant ils ne forment plus qu'un cinquantième environ des deux cent cinquante-cinq millions d'habitants que possède l'Europe, leur puissance intellectuelle dure encore et gouverne toute cette multitude.

Chacun des peuples que nous venons de voir arriver successivement dans cette partie de l'ancien monde, y apporta avec lui sa langue maternelle, mais dans la fusion qui résulta de leur agglomération, ces langues particulières se modifièrent au contact de leurs voisines, et chacune de ces modifications devint à la longue une langue spéciale, expression d'un peuple nouveau.

Je laisserai faire à de plus savants que moi l'histoire de la génération des peuples, et je me bornerai à signaler celle de ces modifications qui laissa le plus de profondes traces.

L'un des peuples de race gaëlique, les Italiens, habitants des deux versants de l'Apennin, étaient jadis, comme aujourd'hui, partagés en plusieurs tribus, obéissant à des chefs politiques différents; c'est sur le territoire d'une de ces tribus, celle des Latins, qu'un prince aventurier fonda une ville qu'il appela Rome, et dont il fit le refuge de tous les vagabonds de l'ancien monde.

Gens sans scrupules, sans peur et n'ayant rien à perdre, les Romains devinrent bientôt de redoutables voisins; prenant aux uns leurs femmes, aux autres, leurs domaines, ils s'agrandirent et multiplièrent; une fois sur cette voie, ils n'avaient plus qu'à continuer pour dominer le monde, mais pendant que la guerre, élargissant sans cesse le cercle de leur domination, s'éloignait de plus en plus du centre de leur empire, celui-ci, favorisé par la paix, tendit à se civiliser, en empruntant aux Grecs leurs savants et leurs législateurs; ceux-ci introduisirent bien parmi les Latins la civilisation de leur patrie, ses lois, sa grammaire, mais ils ne purent y importer leur langue.

Le latin, langue des indigènes, adoptée par les Romains et qui, propagée par eux partout où leurs armes les rendirent maîtres, finit par devenir la langue civilisatrice de l'Europe, le latin n'était dans l'origine, avant que l'influence grecque ne l'eût modifié profondément, qu'un dialecte de l'ancienne langue italienne, moins perfectionné même que celui de leurs voisins les Etrusques; mais, la puissante domination romaine l'ayant imposé pendant longtemps à tous les peuples qu'elle soumit, les langues spéciales de ceux-ci se latinisèrent, surtout celles qui, comme le latin, étaient d'origine gaëlique; en sorte que le nom même de Gaëls se perdit et fut remplacé par celui de Latins qui s'appliqua à tous les peuples de cette race, sauf cependant une petite fraction insoumise aux Romains et qui jusqu'à nos jours a conservé sa langue primitive; la masse principale de ces Gaëls habite l'île d'Irlande.

Depuis l'époque que nous avons prise pour point de départ, époque où la terre brûlante n'offrait aux humains que quelques hauteurs habitables, bien des siècles s'étaient écoulés, bien des générations avaient de leurs os endurci la croûte terrestre, et pendant tout ce temps notre globe n'avait cessé de se refroidir. Déjà, par suite de ce refroidissement, l'Océan avait formé vers le nord une mer de glace qui rendait très-rigoureux le séjour des côtes vers ce point; aussi les peuples qui habitaient ces contrées, cherchèrent à émigrer sous un ciel plus clément et leurs regards se tournèrent naturellement vers le midi.

Du reste, le climat de l'Europe était tellement changé que, lorsque ces peuples ouraliens y arrivèrent sous le nom de Huns, ce ne fut plus en suivant les montagnes, mais bien à travers les plaines. Franchissant avec facilité l'affaissement originaire de la chaîne européenne, ils s'étendirent promptement le long des plages septentrionales de la mer d'Aral et de la Caspienne, mais arrivés à la hauteur de la mer Noire, ils furent obligés de refouler devant eux les Slaves qui occupaient les bassins du Don et du Dnieper. Les Slaves cédant à l'effort, reculèrent sur les Germains; ceux-ci repoussés du nord par le froid de plus en plus intense, obligés, par suite, de se concentrer sur un plus petit espace, se virent contraints de suivre l'impulsion donnée par les Huns et débordèrent à leur tour sur les Latins.

A ce choc formidable l'Empire romain croula; puis peu à peu, sur ses débris, les Latins et les Germains unissant leurs efforts, réagirent sur les Slaves, qui aidés par eux, parvinrent à contenir les Huns sur les bords du Danube.

Par suite de révolutions asiatiques, les Européens eurent encore à subir une autre invasion, celle des Turcs ; partant du bassin de l'Iritch, leur chemin d'Europe était la rive septentrionale du lac Caspien, mais les Slaves faisaient bonne garde et les empêchèrent d'aller plus loin; repoussés de ce côté, ils firent le tour du lac et suivant sa rive méridionale, arrivèrent en Europe par le détroit bien connu de la mer Noire, anéantirent presque entièrement la race grecque et s'établirent sur son territoire. Ils y sont encore et occupent le quatrième rang de puissance en Europe.

Depuis eux aucune autre migration asiatique n'a suivi leurs pas, si ce n'est quelques peuples descendus du Caucase, mais qui se sont arrêtés au pied, en sorte que toute la population de l'Europe descend de ces sept races que nous avons vues y arriver successivement : Gaëls, Ibères, Ouraliens, Germains,

Slaves, Grecs et Turcs, et voici l'état actuel des peuples qu'avec le temps, elles y ont formés.

## V

En les rangeant dans l'ordre de leur importance numérique, arrivent successivement :

Les *Allemands*, qui forment la masse principale de la race germanique ; ce sont les habitants des bassins de l'Oder et de l'Elbe (sauf leurs parties supérieures), de ceux du Weser et du Rhin, et de l'autre côté de la dorsale, de celui du haut Danube ;

Les *Russes*, d'origine slave, les plus nombreux après les Allemands, et cela se conçoit : des trois grandes races prépondérantes, celle-ci, étant la moins civilisée, celle qui a eu le moins de contact avec les autres, elle doit offrir naturellement un très-grand nombre d'individus parlant la langue-mère. Les Russes occupent, sur le versant intérieur, la plus grande partie du bassin du Wolga, surtout à la droite de ce fleuve, puis les bassins du Don, du Dnieper et presque entièrement celui du Dniester, et sur le versant extérieur, la gauche et le bas du bassin de la Dvina, celui de l'Onega, la gauche de celui de la Newa et la partie supérieure de celui de la Duna ;

Les *Français*, auxquels appartient le troisième rang ; c'est celui des peuples latins qui est resté le plus gaëlique, l'influence romaine ayant été atténuée par le voisinage des Germains ; c'était aussi, du reste, le plus important des peuples gaëls, ce que les Romains avaient bien reconnu, en le désignant spécialement par le nom de Gaulois. Ils occupent, sur le versant extérieur, les bassins de la Seine, de la Loire, de la Gironde et de l'Adour, et sur l'intérieur, celui du Rhône, la partie inférieure de celui de l'Ebre et les îles Baléares;

Les *Italiens*, celui des peuples latins qui a le plus continué la langue-mère et dont les habitations couvrent les bassins du Pô et du Tibre, les îles de Sicile, de Sardaigne, de Corse et celles dites Illyriennes;

Les *Anglais*. L'île de la Grande-Bretagne, sauf quelques parties occidentales, est la demeure de cet autre peuple germanique, provenu de la partie de cette race, placée sous l'influence latine;

Les *Espagnols*. Nous avons vu précédemment qu'à l'arrivée des Germains, les Gaëls refoulés allèrent se mêler aux Ibères; plus nombreux que ceux-ci, ils devinrent bientôt les dominateurs de la contrée sauf une petite portion qui resta indépendante même lors de la conquête romaine. La masse du peuple devenue gaëlique se latinisa comme les autres peuples de cette race, mais quand plus tard l'influence des Arabes vint, de la chaîne méridionale, s'étendre sur ce peuple, l'origine africaine de l'élément ibérique la lui fit subir facilement. Les Espagnols aujourd'hui, habitent sur le versant intérieur, la partie supérieure du bassin de l'Ebre et sur l'extérieur ceux du Guadalquivir, de la Guadiana, du Tage et du Duero;

Les *Gaëls*. Nous avons vu également que lorsque les Slaves arrivèrent à leur tour, les Germains refluèrent sur les Gaëls, en envahissant l'île de la Grande-Bretagne; une partie de ces derniers se maintint sur les côtes de la mer d'Irlande et de la

Manche, en subissant l'influence germanique, mais la plus grande masse des Gaëls se réfugia dans l'île d'Irlande, où ils sont encore de nos jours;

Les *Polonais*. Sous l'influence latine, s'est formé de la race slave, ce nouveau peuple occupant le bassin de la Vistule;

Les *Bohémiens*. La partie supérieure du bassin de l'Elbe que nous avons exceptée des lieux habités par les Allemands, est la résidence de cet autre peuple slave subissant, lui, l'influence germanique de ses voisins et s'étendant de l'autre côté de la dorsale sur la rive gauche du Danube supérieur;

Les *Turcs;* peuple principal de cette race. Bien que le plus grand nombre d'entre eux habitent la chaîne méridionale, ils ont néanmoins envahi notre Europe par les rives du lac Caspien, d'où ils se sont répandus dans le bassin de l'Oural et dans celui du Wolga, à la gauche de ce fleuve;

Les *Scandinaves*. De leur côté, les Germains qui ont envahi les côtes scandinaves se sont ressentis du voisinage des Ouraliens, et modifiés par eux, ont formé un peuple à part sous ce nom de Scandinaves, peuple qui s'étend maintenant dans les bassins du Namsen et du Glomnen, sur une partie de celui de la Tornea, à la droite de ce fleuve, dans les îles de la Baltique, les îles Shetland, l'archipel de Fœroë, l'île d'Islande et enfin, sur l'extrémité péninsulaire du contre-fort qui sépare l'Oder de l'Elbe et la mer Baltique de la mer du Nord;

Les *Illyro-Serbes;* Slaves de la rive droite du Danube, isolés de la grande masse russe par l'invasion des Huns, et qui formèrent, sous l'influence grecque, un nouveau peuple occupant encore de nos jours la rive droite du cours moyen de ce fleuve ;

Les *Finnois*, descendants directs de la race ouralienne, habitant les bassins de la Tana et de la Tornea, celui de la Dvina, à la droite de ce fleuve, la partie supérieure de celui de la Petchora et les deux rives du golfe de Finlande, prolongement maritime du bassin de la Newa ;

Les *Hongrois*. Tous les Ouraliens ne furent pas repoussés vers le nord ; une fraction de cette race put se maintenir parmi les Slaves, sur les rives du Danube, entre les Bohémiens et les Illyro-Serbes ; là, peu à peu elle devint un peuple nouveau sous le nom de Hongrois ;

Les *Roumans*. Lors du grand déplacement de peuples, causé par l'arrivée des Huns, déplacement qui brisa l'Empire romain, quand la plupart des Latins courbaient la tête sous la domination germanique, les plus orientaux d'entre eux subirent la loi des Slaves qui les avoisinaient, et c'est sous leur influence qu'ils formèrent à la longue le peuple des Moldo-Valaques (Roumans), qui occupe maintenant la rive gauche du bas Danube et la partie inférieure de la rive droite du Dniester ;

Les *Hellènes ;* peuple qui prend rang après les Roumans et qui s'est formé de la masse principale de la race grecque. Il habite toutes les îles de l'Archipel, ainsi que tous les rivages environnants, y compris ceux de la mer de Marmara ;

Les *Lithuaniens*, qui sont aux Slaves ce que les Gaëls sont aux Latins et qui vivent sur les rives du Niémen et sur celles de la basse Duna ;

Les *Bulgares*. Sur les deux versants de la bifurcation gauche des Alpes orientales, en descendant vers le nord jusqu'au bas Danube, habite ce peuple slave, modifié par l'influence turque;

Les *Basques;* reste le plus pur de la race ibérique, confiné maintenant dans le bassin de l'Adour, à la gauche de ce fleuve, et dans celui de l'Ebre, vers sa source;

Les *Albanais;* portion de la race grecque que le voisinage des Illyriens a presque rendue slave, et qui habite le versant méridional des Alpes orientales à l'endroit où elles se bifurquent;

Arrêtons-nous; après les vingt peuples que nous venons d'énumérer dans l'ordre de leur population, ceux qui restent encore ont été tellement réduits par le temps, qu'ils n'ont plus par eux-mêmes aucune importance politique, tels sont: les *Mongols*, fraction isolée de ce peuple asiatique, campant sur les rives du bas Wolga, et qui devra se joindre aux Turcs; les *Circassiens*, le plus important des peuples caucasiens, fixé dans les bassins du Terek et du Kouban et qui, réuni aux Géorgiens et enclavant entre eux les Ossètes, constitueront une nation plus asiatique qu'européenne; les *Samoyèdes*, peuple finnois presque sauvage, errant dans le bassin inférieur de la Petchora et qui se fondra avec les autres Finnois; puis plusieurs autres peuples dont l'importance est moindre encore.

Quelques esprits pointilleux (et il y en a toujours, des esprits pointilleux) s'écrieront: Et les Celtes! cette race puissante, qui a laissé de si profondes traces dans les souvenirs et la langue de nos pères, vous n'en parlez pas !!

A cette observation, la réponse est bien simple : Celtes, ou Keltes, est le nom dont les anciens Grecs ont baptisé les Gaëls, mais je ne m'en suis pas servi parce qu'il me semble, qu'en fait de géographie, nous pouvons bien risquer d'être de notre pays.

## VI

Après avoir décrit l'Europe telle que Dieu l'a faite, nous avons passé en revue les peuples qui la couvrent, ne nous arrêtant qu'arrivés à ceux, pour ainsi dire, perdus dans son immensité ; car s'il fallait exécuter à la lettre le principe qui veut que chaque peuple soit souverain chez lui, on arriverait à former pour les Wendes, par exemple, réduits en Lusace à quelques milliers, un état indépendant.

Cela ne peut être, il faut une limite, au-dessous de laquelle, tout peuple descendu, serait tenu de se réunir à l'un de ses voisins. Cette limite, je la fixe, pour une raison que j'expliquerai plus loin, à cinq cent mille individus.

J'ai posé en principe que pour qu'il y ait Peuple, il faut qu'il y ait unité de langue, j'ajoute que pour qu'un Peuple devienne Nation, il faut qu'il y ait unité de gouvernement. Les Italiens sont un peuple, mais ils ne formeront une nation, que lorsqu'ils auront concentré le pouvoir de tous les princes qui les régentent, en un gouvernement unique. Enfin pour qu'une Nation puisse se développer en paix, établir librement ses relations avec les autres peuples ; rendre au travail ou au commerce cette foule de bras portant fusil, coûtant beaucoup et rapportant zéro ; démolir ses forteresses et, de leurs débris, élever des maisons à ceux qui n'ont que des cabanes ; pour qu'une Nation puisse tout cela, il faut qu'elle réunisse l'unité de territoire au libre usage de la mer.

La nécessité de ces conditions se comprend de soi-même : unité de langue pour pouvoir s'entendre réciproquement ; unité de gouvernement afin d'éviter les guerres civiles ; unité de territoire pour la liberté des relations intérieures qui sont entravées, quand il faut traverser un sol étranger ; enfin libre usage de la mer, ce grand chemin commun, pour que chaque homme puisse connaître le globe, son domaine.

Remarquons toutefois que l'unité de territoire n'en implique pas la continuité ; des fractions séparées d'un même peuple peuvent former un seul État, pourvu qu'elles communiquent entre elles par la voie neutre de la mer.

Mais si cette condition n'a pas lieu, si une fraction de peuple, isolée de la masse principale, ne peut s'y rattacher qu'en traversant les peuples qui l'enclavent, il y faut renoncer, parce qu'un même Peuple ne peut pas former deux Nations.

Les enclaves ainsi dénationalisés, et les peuples privés de débouchés maritimes, ont le droit de se réunir à celui des peuples limitrophes vers lequel penchent leurs sympathies. C'est ainsi que je réunis, sauf leur assentiment, les Hongrois aux Roumans sous le nom de Hongroumans, et les Bohémiens (Czeckes) aux Polonais sous le nom de Poloczeckes.

Il s'agit donc simplement pour établir la nationalité des dix-huit peuples restant de ceux que nous avons nommés, de diviser l'Europe en autant d'États indépendants, formés des territoires occupés par chacun d'eux dans les limites que nous leur avons reconnues tout à l'heure.

Mais il y a loin de cette constitution simple, logique et pacifique de l'Europe, à l'état compliqué, arbitraire et révolutionnant où elle se trouve aujourd'hui. Jugez-en vous-même.

## VII

Cinq races s'y partagent la puissance d'une manière très-inégale :

En première ligne viennent les Germains, subdivisés en Allemands, en Anglais et en Scandinaves ;

Les Allemands ont formé cinq puissances souveraines : le vicaire de l'empire d'Allemagne, l'empereur d'Autriche, le roi des Pays-Bas, le roi de Prusse et la Diète suisse;

Le vicaire de l'empire d'Allemagne domine sur un noyau de 35 millions d'Allemands, auxquels ont été réunis 6 millions et demi de Bohémiens, un million d'Illyriens, 800,000 Polonais, 700,000 Italiens, 500,000 Lithuaniens et 400,000 Français : en tout, avec les Juifs, les Grecs, etc., près de 45 millions de sujets.

Cette grande population a été morcelée entre trente-huit potentats, ornés de différents titres, réunis en un empire confédéré, et de la nomenclature desquels je vous ferai grâce, attendu qu'elle nous est parfaitement inutile.

Cependant, il en est quatre dont il faut faire mention, vu qu'ils règnent en outre sur d'autres populations, placées en dehors du pouvoir du vicaire de l'empire. Ce sont : l'empereur d'Autriche, le roi de Prusse, le roi de Danemarck et le roi des Pays-Bas.

Le premier a rassemblé dans ses possessions inconfédérées : 5 millions de Hongrois, 4 millions et demi d'Italiens, 3 millions et demi d'Allemands, 3 millions de Russes, 3 millions d'Illyro-Serbes, 2 millions et demi de Moldo-Valaques et 2 millions de Polonais : en tout 23 millions et demi d'individus, lesquels, ajoutés à ses 13 millions de sujets confédérés, donnent un total de 36 millions et demi d'âmes pour la domination autrichienne.

Le roi de Prusse gouverne, outre 15 millions et demi de sujets de l'empire, 500 mille Polonais, ce qui met sous l'autorité prussienne, 16 millions d'individus.

Le roi de Danemarck ne règne, au nom du vicaire impérial, que sur un million de sujets, mais hors de l'empire, il étend son pouvoir sur un million et demi de Scandinaves, ce qui fait un total de 2 millions et demi d'habitants, soumis à la puissance danoise.

Enfin le roi des Pays-Bas, aux 300 mille Allemands qu'il possède dans l'empire, en joint 2 à 3 autres millions d'inconfédérés, ce qui porte à 3 millions lenombre d'Allemands sur lequel s'étend le sceptre néerlandais.

La cinquième puissance allemande est la Diète suisse. A côté d'un noyau d'un million et demi d'Allemands, elle régente encore 300,000 Français et 100,000 Italiens : ce qui fait presque 2 millions de citoyens sous sa domination.

Le second peuple germain, les Anglais, s'est concentré sous une seule puissance, la reine de la Grande-Bretagne, et cette puissance s'est encore approprié : 9 millions de Gaëls, 200,000 Hellènes et 100,000 Italiens, lesquels, réunis aux 18 millions d'Anglais et à quelques milliers de Français et de Scandinaves, forment un tout de 27 millions d'individus.

Enfin, les Germains du Nord, les Scandinaves, se sont divisés sous deux puissances souveraines : le roi de Danemarck, déjà cité comme membre de l'empire d'Allemagne, et le roi de Suède. Celui-ci, souverain du restant des Scandinaves, leur a joint 100,000 Finnois, ce qui lui fait un total de 4 millions et demi de sujets.

En récapitulant tous ces chiffres, on trouve que la domination des Germains s'étend sur 108 millions d'âmes.

Soumettons les quatre autres races dominantes la même analyse.

Les plus grands dominateurs après les Germains, sont les Latins, subdivisés en Français, en Italiens, en Espagnols et en Valaques; quant aux Portugais, ce sont de véritables Espagnols, leur langue différant moins du castillan que celui-ci du catalan;

Les Français sont partagés en deux puissances souveraines, une grande et une petite, la République française et le roi des Belges.

La première comprend, outre 31 millions et demi de nationaux : 2 millions de Gaëls, un million d'Allemands, un demi-million de Basques et 200,000 Italiens : au total 35 millions et demi d'âmes.

De son côté, le roi des Belges, réunit, à ses 2 millions de Français, 2 millions et demi d'Allemands, ce qui étend son pouvoir sur 4 millions et demi d'individus.

Les Italiens, le second des peuples latins, sont fractionnés entre six souverains, de la manière suivante : Le roi des Deux-Siciles en gouverne 8 millions et demi, le roi de Sardaigne 4 millions, le Pape 3 millions, le grand-duc de Toscane un million et demi, et les ducs de Parme et de Modène, chacun un demi-million. Seul, le roi de Sardaigne a réuni aux Italiens de son lot, un million de Français, ce qui lui fait 5 millions d'habitants à gouverner.

Le troisième peuple latin n'obéit qu'à deux puissances : la reine d'Espagne et celle de Portugal; la première réunit, à 9 millions et demi d'Espagnols 2 millions de Français et un demi-million de Basques, ce qui lui complète 12 millions de sujets. La seconde domine sur 3 millions et demi d'habitants, tous Espagnols.

Des quatre peuples latins, celui des Valaques est le seul qui n'ait pas de souveraineté à lui.

En réunissant tous ces chiffres, comme nous l'avons fait pour les Germains, on trouve que la domination des Latins s'étend sur 74 millions d'âmes.

Maintenant viennent les Slaves, subdivisés en Russes, en Polonais, en Czeckes, en Illyro-Serbes, en Lithuaniens et en Bulgares ; de ces six peuples, un seul, les Russes, possède une souveraineté slave, souveraineté qui s'appelle l'empereur de Russie et sous laquelle ploient, outre 40 millions et demi de Russes, 5 millions et demi de Finnois, 5 millions et demi de Turcs, 4 millions de Polonais, 3 millions et demi de Lithuaniens, un demi-million de Moldo-Valaques, 300,000 Mongols, 300,000 Circassiens, 200,000 Scandinaves, puis des Allemands, des Bulgares, des Hellènes, des Samoyèdes, en tout environ 61 millions de sujets.

Les Germains, les Latins et les Slaves forment ce que j'appelle la trinité européenne; à eux trois, ils dominent 243 millions d'âmes, c'est-à-dire les dix-neuf vingtièmes de la population ; et cela se conçoit, car ces trois races ont pour pivot les trois plus grands peuples de l'Europe : les Allemands, les Français et les Russes.

En dehors de cette trinité, les Turcs possèdent une souveraineté, personnifiée dans leur empereur, et qui s'étend, non-seulement sur un demi-million de nationaux, mais encore sur 4 millions d'Hellènes, 3 millions et demi de Bulgares, 2 millions de Valaques, un million et demi de Serbes et 600,000 Albanais, ce qui constitue une population de 12 millions d'âmes, soumise à la puissance ottomane.

Enfin, la cinquième et dernière race dominatrice de l'Europe est celle des Grecs, divisée en Hellènes et Albanais, et dont les premiers seulement possèdent une puissance souveraine en miniature, le roi de Grèce, sous laquelle ils sont réunis au nombre d'un demi-million.

Quant aux races ibérique, ouralienne et asiatiques, elles sont entièrement subjuguées par les cinq autres.

## VIII

Maintenant, en considérant, non plus les puissances partageantes, mais les peuples partagés, en faisant en un mot, la contre-partie de ce que nous venons de faire, on arrive aux résultats suivants, qui prouvent de plus en plus la confusion et l'incohérence de l'état actuel ; encore pour abréger, ne parlerai-je pas des peuples ou fractions de peuples gouvernés par un ou plusieurs chefs nationaux, mais seulement de ceux soumis à une domination étrangère.

Récapitulons :

Deux millions et demi d'Allemands sont soumis au roi des Belges, un million à la République française et un demi-million au roi de Danemarck;

Trois millions de Russes reconnaissent l'autorit autrichienne ;

Deux millions de Français sont sous la dépendance de la reine d'Espagne, un million sous celle du roi de Sardaigne, 400,000 sous celle du vicaire de l'empire d'Allemagne et 300,000 sous celle de la Diète suisse;

Quatre millions et demi d'Italiens sont dominés par les Autrichiens, 700,000 par les Allemands de l'empire, 200,000 par les Français et 100,000 par les Suisses;

Trois millions et demi d'Espagnols dépendent de la reine de Portugal;

Des Gaëls, au nombre de 9 millions, subissent la domination anglaise et les 2 millions restants, celle des Français;

Quatre millions de Polonais courbent la tête devant l'empereur de Russie, 2 millions devant l'empereur d'Autriche, 800,000 devant le vicaire de l'empire d'Allemagne et un demi-million devant le roi de Prusse;

Six millions et demi de Czeckes dépendent encore du vicaire impérial;

L'empereur de Russie domine sur 5 millions et demi de Turcs et sur 200,000 Scandinaves;

Sous la domination de l'empereur d'Autriche vivent 3 millions d'Illyro-Serbes, les autres sont partagés entre l'empereur de Turquie, qui en gouverne un million et demi et le vicaire impérial qui règne sur le million restant;

Cinq millions et demi de Finnois obéissent à l'empereur de Russie, et 100,000 au roi de Suède;

Tous les Hongrois, dont on compte 5 millions, obéissent à l'empereur d'Autriche;

Les Moldo-Valaques (Roumans) sont partagés entre l'empereur d'Autriche, qui en a 2 millions et demi, l'empereur de Turquie 2 millions et l'empereur de Russie un demi-million;

Quatre millions d'Hellènes végètent sous le sceptre des Turcs et 200,000 sous celui des Anglais;

Les Lithuaniens, au nombre de 4 millions, sont

répartis : 3 millions et demi à l'empereur de Russie et un demi-million au vicaire impérial ;

Trois millions et demi de Bulgares subissent la domination turque;

Le million de Basques est divisé par moitié entre la République française et la reine d'Espagne ;

Nous n'irons pas plus loin; cette revue rapide d'environ 84 millions d'âmes vivant sous une domination étrangère, ne suffit-elle pas pour prouver qu'*il y a quelque chose à faire.*

Or, pour arriver à l'état normal indiqué tout à l'heure, en partant du chaos politique où nous sommes plongés, et pour y arriver pacifiquement, voici ce qu'il y aurait à faire :

## IX

Nous venons de voir qu'il y a en Europe : huit souverains de race germanique, dix de race latine, un de race slave, un de race turque et un de race grecque ; en tout vingt-un souverains qu'il faudrait ramener à leurs nationalités.

Occupons-nous d'abord des Germains.

L'empire confédéré d'Allemagne formerait une puissance unique, dont le chef seul serait chargé des relations avec les puissances étrangères et traiterait au nom de tous les princes formant la confédération.

En cette qualité, l'empereur d'Allemagne céderait :

1° Aux Italiens, les cercles de Trente et de Roveredo dans le gouvernement du Tyrol, puis le gouvernement de Trieste avec le littoral de la presqu'île de ce nom, dans le royaume d'Illyrie: le tout, détaché de l'empire d'Autriche ;

2° Aux Illyserbes (Illyro - Serbes), le reste du royaume d'Illyrie à la droite de la Drave et les cercles de Marburg et de Cilly dans le gouvernement de Styrie : pays provenant aussi de l'empire d'Autriche ;

3° Aux Poloczeckes, le royaume de Bohême, sauf la vallée de l'Eger ; le gouvernement de Moravie et Silésie et le duché d'Auschwitz, du royaume de Galicie : dépendant tous encore de l'Autriche; puis la Silésie à la droite de l'Oder, la partie confédérée de la province de Posen et la partie de la Prusse occidentale à la gauche de la Vistule : détachés du royaume de Prusse ; enfin :

4° Aux Lithuaniens, la régence de Gumbinnen, de la province de Prusse, du royaume de ce nom.

Par compensation, l'empire s'augmenterait :

1° Du royaume des Pays-Bas ;

2° Des départements du Bas-Rhin, du Haut-Rhin (sauf l'arrondissement de Belfort) et d'une zone au nord de celui de la Moselle, jusqu'auprès de Thionville : cédés par la République française;

3° De la Confédération Suisse, sauf les cantons de Genève, du Tessin, de Neufchâtel et de Vaud et la partie occidentale de ceux du Valais, de Fribourg et de Berne ;

4° Des provinces des Flandres, de Brabant, d'Anvers et de Limbourg : cédées par le roi des Belges ;

5° Du duché de Schleswig, cédé par le roi de Danemarck, et enfin,

6° De l'île d'Helgoland, rendue par la reine d'Angleterre.

Ces mutations ne s'accompliraient pas sans apporter, dans l'empire d'Allemagne, plusieurs modifications intérieures qu'il importe de faire connaître.

Les pays que l'empereur céderait ne faisant que diminuer la part de deux États confédérés, sans en supprimer aucun, ne causeraient que peu de changements dans l'organisation intérieure de l'empire. Quant aux pays dont celui-ci s'augmenterait, ils auraient des destinées différentes;

Les rois des Pays-Bas et de Danemarck faisant déjà partie de l'empire, leurs apports s'ajouteraient, soit au grand-duché de Luxembourg, soit au duché de Holstein ; l'île d'Helgoland serait ajoutée au grand-duché d'Oldenbourg et les provinces belges au royaume des Pays-Bas; les cantons suisses, réunis sous l'autorité d'un président, formeraient au sein de l'empire un trente-neuvième État confédéré, sous le nom de République helvétique; enfin, les départements français en formeraient un quarantième, en se réunissant sous le titre de République alsacienne.

Par suite de cette constitution de l'empire confédéré d'Allemagne, le roi des Pays-Bas en deviendrait un des membres les plus influents, mais il ne compterait plus parmi les souverains de l'Europe.

La Suisse aussi, en devenant membre de l'empire d'Allemagne, devrait renoncer à la souveraineté; car, des pays que nous avons exceptés de son apport, le canton du Tessin serait cédé aux Italiens et le reste aux Français.

Il en serait de même de la Prusse; la province entière de Posen devant être cédée aux Poloczeckes.

Enfin l'Autriche subirait le même sort, car, de ses

possessions inconfédérées, aucune ne lui resterait : le royaume de Hongrie (sauf les vallées du Waag et du Gran, et celle du Danube depuis son confluent avec la Drave) et le gouvernement de Transylvanie appartiendraient aux Hongroumans ; les royaumes de Slavonie et de Croatie et le gouvernement des Confins militaires seraient réunis au territoire des Illyserbes ; les royaumes Lombard-Vénitien et de Dalmatie et Albanie, avec tout le littoral et les îles de l'Adriatique, à celui des Italiens, et le royaume de Galicie, avec les vallées du Waag et du Gran, seraient partagés entre les Poloczeckes et les Russes.

L'Autriche réduite ainsi, aux gouvernements de la Haute et Basse-Autriche et à ce que l'empereur d'Allemagne n'aurait pas cédé, en son nom, des gouvernements de Styrie et du Tyrol et du royaume d'Illyrie, continuerait à faire partie de l'empire d'Allemagne, seule puissance allemande investie de la souveraineté.

La seconde puissance d'origine germanique serait la reine de la Grande-Bretagne ; mais la marche envahissante de cette puissance l'a fait dominer sur plusieurs lieux hétérogénéiquement peuplés, d'où il faudrait qu'elle se retirât, pour s'en tenir à sa vieille Angleterre.

Déjà nous avons vu qu'elle devrait restituer aux Allemands, l'île d'Helgoland ; elle aurait à rendre aussi les îles Normandes aux Français, Gibraltar aux Espagnols, les îles Ioniennes aux Hellènes, les îles Shetland et Orcades aux Scandinaves et l'Irlande (sauf la partie nord de l'Ulster et tout le littoral de la mer d'Irlande), les îles Hébrides, l'île de Man, les Highlands de l'Écosse et la principauté de Galles, aux Gaëls.

J'en suis bien fâché pour les Anglais, mais en pre nant tout ce qu'ils pouvaient prendre, ils m'ont privé du pouvoir de leur céder quelque chose en échange.

Il y aurait une troisième puissance germanique, le roi de Scandinavie; celle-ci, au contraire, recevrait de tous côtés et ne donnerait presque rien : l'empereur de Russie lui céderait le littoral de la grande-principauté de Finlande, depuis Wasa jusqu'à Helsingfors; le roi de Danemarck, les îles de la Baltique, le Jutland, les îles Fœroë et l'Islande, et la reine d'Angleterre, les îles Shetland et Orcades. En échange elle abandonnerait aux Finnois, le Nordland (sauf le littoral bothnique) et le Finmark.

Il va sans dire que par suite de ces mutations, le roi de Danemarck ne compterait plus en Europe, que comme membre de l'empire d'Allemagne.

Maintenant arrivons aux Latins.

Des deux souverains français, le plus faible, le roi des Belges, partagerait son royaume entre les Allemands, pour les provinces désignées plus haut, et les Français, pour le reste (Hainaut, Namur, Liège et Luxembourg); ceux-ci, en outre, recevraient :

1° De la Diète suisse : les cantons de Genève, de Neufchâtel et de Vaud et la partie occidentale de ceux du Valais, de Fribourg et de Berne ;

2° De la reine d'Angleterre, les îles Normandes ;

3° Du roi de Sardaigne, les intendances générales de Savoie et de Nice et la principauté de Monaco, et,

4° De la reine d'Espagne, les provinces de Gerone, Barcelonne, Lerida, Tarragone, Castellon de la Plana,

Valence, Alicante (sauf la pointe sud) et des îles Baléares, plus la partie sud de celle de Teruel.

En revanche, la République française céderait :

1° Aux Allemands, les départements ou fractions de départements destinés à former la République alsacienne ;

2° Aux Italiens, le département de la Corse ;

3° Aux Basques, les arrondissements de Bayonne et de Mauléon, du département des Basses-Pyrénées, et,

4° Aux Gaëls : le département du Finistère; celui du Morbihan, sauf l'arrondissement de Ploërmel ; les arrondissements de Guingamp et de Lannion, du département des Côtes-du-Nord, et le canton de Guérande, de l'arrondissement de Savenay, du département de la Loire-Inférieure.

Les six souverains italiens s'uniraient en une confédération, à l'instar de l'Allemagne, et formeraient ainsi une puissance unique, représentée par une Diète souveraine, chargée de tous leurs pouvoirs, vis-à-vis des nations étrangères.

C'est donc cette Diète qui céderait aux Français, au nom du roi de Sardaigne, les intendances générales de Savoie et de Nice et la principauté de Monaco, et c'est elle qui recevrait :

1° De l'empereur d'Allemagne, les cercles du Tyrol et la partie de l'Illyrie, désignés plus haut ;

2° De la Diète suisse, le canton du Tessin ;

3° De l'empereur d'Autriche, le royaume Lombard-Vénitien et le littoral dalmate de l'Adriatique, et,

4° De la République française, l'île de Corse.

Ces augmentations formeraient au sein de la Confédération italienne, trois nouveaux États indépendants : la république du Tessin, la République corse et le royaume Lombard-Vénitien ; les pays tyroliens, illyriens et dalmates étant ajoutés à ce dernier État.

Au lieu de conserver au gouvernement du Lombard-Vénitien, la forme royale, on pourrait le constituer en république; mais il ne faut pas oublier, que cette dernière forme de gouvernement ne peut s'appliquer qu'à des peuples déjà rompus à la liberté, pour avoir vécu transitoirement, sous une monarchie constitutionnelle, et que, pour avoir voulu aller trop vite en 1793, nous sommes retombés sous une dictature militaire.

Des neuf souverains dont se composerait alors la Diète italienne, il en est un qui doit attirer particulièrement notre attention, c'est le Pape.

Chef suprême d'une religion, qui compte en Europe, plus d'adhérents, à elle seule, que toutes les autres réunies, son empire spirituel s'étend sur trop de millions d'âmes, pour qu'il tienne à gouverner temporellement un plus ou moins grand nombre d'individus ; sa mission pontificale est trop vaste, trop élevée, pour l'amoindrir au contact des choses d'ici-bas, et surtout il n'est pas convenable, que l'on puisse compter parmi les princes de la terre le disciple de Celui qui a dit : *Mon royaume n'est pas de ce monde.*

Sous un autre rapport, le Pape, élu par et parmi les représentants de toute la catholicité, peut n'être pas un prince italien, il peut même sortir d'une puissance sympathique au catholicisme, mais antipathique à l'Italie, et concevoir sous la tiare des idées liberticides; cela s'est vu. Le Saint-Siége ne sera pas toujours possédé par Pie IX, et celui qui lui succédera, peut ne pas continuer sa politique.

Il faudrait donc, dans l'intérêt de l'indépendance italienne, comme dans celui de la dignité pontificale, que le Saint-Père abdiquât, en faveur de la République romaine, sa souveraineté temporelle; se réservant, comme Souverain-Pontife, son autorité pleine et pure sur le monde catholique.

Il nous reste deux princesses d'origine latine, la reine d'Espagne et celle de Portugal, mais la première absorbant la seconde, les deux peuples n'en feraient plus qu'un, dont la souveraine céderait : aux Français, les provinces ou parties de provinces désignées plus haut, et aux Basques, les provinces de Saint-Sébastien, Bilbao, Vittoria et Pampelune, sauf la partie de cette dernière au delà de l'Aragon. En échange, la reine d'Angleterre lui restituerait Gibraltar.

Arrivés à l'empereur slave, à cette autre puissance envahissante, non par la ruse, comme l'Angleterre, mais par la force, je vais être obligé de diminuer aussi son domaine, de plusieurs pays envahis.

Ainsi l'empereur de Russie céderait :

1° Aux Lithuaniens, les gouvernements de Kowno, Wilna, Courlande et la moitié sud de celui de Livonie;

2° Aux Scandinaves, la partie du littoral de la grande-principauté de Finlande, désignée plus haut;

3° Aux Finnois, le restant de la Finlande avec la Laponie (sauf le littoral du golfe de Kandalascaia), puis les gouvernements de Perm, de Viatka, d'Arkhanghel, les trois quarts de celui de Vologda, la moitié nord de celui de Livonie et l'Esthonie;

4° Aux Poloczeckes, le reste du royaume de Pologne;

5° Aux Hongroumans, la Bessarabie, sauf le district d'Ismaïl;

6° Aux Turcs, les gouvernements d'Orenbourg, de Kazan, du Caucase, d'Astrakhan et de la Tauride, et la partie de celui de Saratov, à gauche du Wolga;

7° Aux Hellènes, le district de Taganrog, du gouvernement d'Ekatherinoslav;

8° Aux Bulgares, le district d'Ismaïl, dans la province de Bessarabie, et,

9° Aux Caucasiens, (Asiatiques), la Circassie :

Mais il recevrait de l'empereur d'Autriche la presque totalité du royaume de Galicie et le versant méridional des Karpathes y attenant.

Vient maintenant le souverain de race turque qui, en échange de la partie européenne actuelle de son empire, recevrait de l'empereur de Russie, les territoires cités plus haut.

De ce qu'il abandonnerait, on ferait cinq parts :

1° La Bosnie et la Servie reviendraient aux Illyserbes;

2° La Moldavie et la Valachie, aux Hongroumans;

3° La Bulgarie et la partie nord de la Roumélie, aux Bulgares;

4° L'Albanie, aux Albanais et,

5° Le reste, aux Hellènes.

Voici donc le domaine du dernier souverain qui nous reste, celui de race grecque, considérablement augmenté, sans compter qu'il le serait encore des îles Ioniennes, abandonnées par la reine d'Angleterre et du district de Taganrog, provenant de l'empereur de Russie.

Résumons ;

En réduisant à trois les huit souverains germaniques, et au même nombre les dix puissances latines, nous n'avons laissé en Europe que neuf des États souverains actuels; mais il y a neuf Nations à reconstituer, savoir : les Poloczeckes, les Illyserbes, les Gaëls, les Lithuaniens, les Finnois, les Basques, les Bulgares, les Hongroumans et les Albanais ; et voici le territoire domanial qui revient logiquement à chacune d'elles :

I. Celui des Poloczeckes serait formé :

1° De la Bohême, de la Moravie, de la Silésie autrichienne et du duché d'Auschwitz, cédés, au nom de l'Autriche, par l'empereur d'Allemagne ;

2° Des parties de la Silésie prussienne, du duché de Posen et de la Prusse occidentale, cédées par l'empereur d'Allemagne, au nom de la Prusse ;

3° Du restant du duché de Posen, cédé directement par le roi de Prusse ;

4° De la partie du royaume de Galicie, à la gauche du San, cédée par l'empereur d'Autriche ; enfin,

5° De la partie du royaume actuel de Pologne que leur donnerait l'empereur de Russie.

II. Celui des Illyserbes serait composé :

1° Des cercles autrichiens, cédés par l'empereur d'Allemagne ;

2° Des royaumes de Slavonie et de Croatie, augmentés du gouvernement des Confins militaires, cédés directement par l'empereur d'Autriche, et,

3° De la Bosnie et de la Servie, cédées par l'empereur de Turquie.

III. Celui des Gaëls serait formé, des territoires

cédés par la reine d'Angleterre et des départements et parties de départements reçus de la République française.

IV. Celui des Lithuaniens se formerait :

1° De la régence de Gumbinnen que leur céderait l'empereur d'Allemagne, au nom du roi de Prusse, et,

2° Des gouvernements ou partie de gouvernement abandonnés par l'empereur de Russie.

V. Celui des Basques se composerait :

1° Des arrondissements de Bayonne et de Mauléon, concédés par la République française, et,

2° Des provinces ou partie de province, que leur donnerait la reine d'Espagne.

VI. Celui des Finnois se constituerait avec :

1° La partie du Nordland et le Finmark, que leur céderait le roi de Suède, et,

2° La partie de la Finlande avec la Laponie et les gouvernements ou parties de gouvernements, qui leur seraient cédés par l'empereur de Russie.

VII. Celui des Hongroumans se composerait :

1° De la plus grande partie du royaume de Hongrie avec la Transylvanie, héritage de l'empereur d'Autriche;

2° De la Bessarabie presque entière, héritage de l'empereur de Russie, et,

3° De la Moldavie et de la Valachie, héritage de l'empereur de Turquie.

VIII. Celui des Bulgares réunirait :

1° Le district d'Ismaïl, de la Bessarabie, cédé par l'empereur de Russie, à,

2° La Bulgarie et la moitié nord de la Roumélie, cédées par l'empereur de Turquie, enfin,

IX. Celui des Albanais se formerait avec l'Albanie, qui leur reviendrait dans la succession de l'empereur de Turquie.

Avant d'aller plus loin, il est bon de faire observer que quelques-unes de ces nationalités s'étendent hors d'Europe; tels sont:

Les Anglais, qui occupent presque toute l'Amérique du Nord;

Les Français, qui en couvrent aussi une partie et de plus le littoral de l'Afrique septentrionale;

Les Espagnols, qui se sont étendus sur presque toute l'Amérique du Sud;

Les Turcs, qui joignent à leurs possessions européennes tout le Turkestan (moins le khanat de Boukhara); les gouvernements de Tomsk et de Tobolsk, la province d'Omsk et les rives de la basse Lena, dans la Sibérie; l'Asie-Mineure, et une bonne partie du Thian-Chan-Nan-Lou, en Chine;

Les Hellènes, possesseurs de l'île de Chypre et de presque tout le littoral de l'Asie-Mineure; enfin:

Les Finnois, qui comptent pour eux le territoire des Ostiakes de l'Obi, et s'étendent sur tout le nord de la Sibérie, jusqu'aux Turcs de la Lena.

Au moyen des modifications que je viens d'indiquer, les vingt-une Puissances souveraines actuelles de l'Europe, se trouveraient remplacées par dix-huit Peuples souverains, occupant chacun une contrée nationale ouverte sur le champ libre des mers.

## X

Maintenant, pour que ces modifications s'opèrent pacifiquement, voici un mode d'exécution ; je ne dis pas que ce soit le seul, il peut en exister d'autres, et de meilleurs même, je les adopte d'avance ; qu'importent les moyens, pourvu que le but soit atteint ? et si j'en propose un, c'est simplement pour prouver que mon projet n'est pas une utopie inexécutable.

Les puissances actuelles formeraient, au moyen de plénipotentiaires, un Congrès général qui aurait pour mission de réorganiser l'Europe suivant les nationalités.

Ce Congrès devrait établir en principe :

1° Que les souverains actuels régnant en vertu d'un droit acquis par le consentement formel ou tacite des peuples qu'ils gouvernent, ne sauraient être dépossédés de tout ou partie de leur domaine, sans motiver, de leur part, une protestation plus ou moins énergique, qui entraînerait inévitablement à des guerres civiles, qu'il s'agit d'éviter ;

2° Qu'en ce qui concerne leurs héritiers :

Il y a une distinction à faire entre les héritiers directs ou présomptifs, tels que le fils aîné et le petit-fils aîné, et les héritiers indirects ou éventuels, fournis par toutes les branches collatérales.

Les premiers, qui, dans l'ordre naturel des choses, *doivent régner* un jour pourraient être considérés comme des rois futurs, et comme tels, jouir du privilége d'inaliénation domaniale accordé aux rois actuels.

Mais les seconds qui, naturellement aussi, *ne doivent pas régner*, n'ont aucun droit de souveraineté à réclamer, et le domaine, qu'une éventualité leur léguerait, pourrait être, dans l'intérêt général, amoindri ou même anéanti par le Congrès, que ce ne serait encore que justice.

Seraient assimilés à ces derniers, les héritiers présomptifs que l'avenir mettrait au jour ; car il est impossible de reconnaître un droit quelconque à ceux qui peuvent ne pas naître.

3° Qu'en conséquence :

Il ne serait apporté aucune modification aux domaines des souverains actuels, pendant leur règne et pendant celui de leurs héritiers présomptifs actuellement nés ;

Mais que les modifications nécessaires au rétablissement des nationalités, s'opéreraient successivement, à mesure que le temps ferait choir une couronne aux mains d'un héritier indirect ou à celles d'un héritier direct encore à naître.

Je sais bien que cette marche paraîtra lente aux esprits impatients, mais d'abord, ce qu'on crée trop vite, trop souvent s'écroule, et puis l'équité n'a que faire de se presser, l'avenir lui appartient.

Du reste, il est une sorte d'États dont je n'ai pas encore parlé et qui, n'étant pas gouvernés par des familles souveraines, pourraient être ramenés plus vite aux unités nationales ; ce sont les États électifs.

La république de Francfort, par exemple, dont

les deux bourgmestres ne sont élus que pour un an, pourrait, dès cette année, devenir le noyau de l'unité allemande, si l'on attribuait aux consuls de cette république, le droit de représenter, vis-à-vis des nations étrangères, l'empire allemand, et par suite, tous les souverains qu'il confédère, partout où l'un d'eux n'aurait pas de représentant spécial.

Cette année encore, ce noyau pourrait se grossir des cantons allemands de la Confédération suisse, dont le gouvernement bisannuel va cesser ses fonctions.

Dès lors, la République de Francfort et la République helvétique représenteraient la nouvelle Nation allemande, dans laquelle viendraient successivement se fondre les autres puissances qui devraient la composer.

Cette adjonction de la Suisse allemande à sa nationalité, laissant libres les autres cantons, la Suisse française pourrait être immédiatement divisée en départements et réunie au territoire français, tandis que le canton du Tessin formerait une république, noyau de la Nation italienne, et à laquelle se réunirait plus tard le reste des Italiens.

Je ne parle pas de la République française, parce que son gouvernement est constitué jusqu'en 1852, ni des autres États électifs, tels que les républiques de Brême ou de Hambourg, parce que les leurs sont viagers et peuvent être assimilés aux souverains sans héritiers directs ; mais parmi ces derniers il en est d'assez âgés pour ne pas décourager les réformateurs impatients : ainsi, le landgrave de Hesse-Hombourg a 66 ans ; le prince de Reuss-Schleiz, 64 ; le duc de Saxe-Altenbourg, 59 ; le Pape, 57 ; le prince de Schwarzbourg-Rudolstadt, 55; le roi de Prusse, 53; etc.; et aucun d'eux n'a d'héritier présomptif.

L'ordre des successions souveraines, tel que je viens de l'établir, une fois adopté par le Congrès, celui-ci, en vertu de ses pleins pouvoirs, tiendrait la main à son exécution, jusqu'à l'entier rétablissement des nationalités.

## XI

Ne nous faisons pas d'illusions; il y aurait des récalcitrants, mais voyons un peu les principaux :

Le prince Guillaume de Prusse, qui voit le roi son frère dépasser la cinquantaine, et sa belle-sœur y arriver, sans qu'un enfant existe comme sceau de leurs vingt-six ans de mariage, peut, avec quelque raison, se croire appelé à lui succéder un jour.

Cette croyance assez fondée maintenant, j'en conviens, ne l'était pas du tout en 1823, quand Élisabeth de Bavière vint s'asseoir sur le trône prussien. Ce n'est donc pas un droit inhérent à la personne ou à la naissance du prince, mais seulement une éventualité, que le temps accroît de plus en plus.

Cette éventualité se réaliserait, qu'il ne pourrait, lui, Allemand, revendiquer comme un droit, le gouvernement des Polonais qui seraient replacés sous une domination nationale.

En vain objecterait-il que les pays possédés par la maison de Prusse, le sont par droit d'héritage, de dot, d'achat ou de convention avec les autres puissances, IL N'Y A PAS DE DROIT CONTRE LE

DROIT, et celui des peuples, à n'être gouvernés que de leur consentement, est imprescriptible et antérieur à tous les autres.

Ce droit est, du reste, tellement ancré au cœur de l'homme, que toutes les révolutions qui ont bouleversé les empires, renversé les trônes, anéanti les souverains, n'ont été que des protestations contre la violation de ce droit.

Trop souvent méconnu par les potentats, qui cédèrent ou vendirent les peuples comme de vils troupeaux, il a fallu bien des fois, qu'un appel à la force vînt leur rappeler que le seul souverain légitime, c'est le Peuple, parce qu'il est le seul tout-puissant, et que tout pouvoir qui n'émane pas de lui, n'est qu'une usurpation à laquelle on a toujours le droit de se soustraire.

Le prince de Prusse n'aurait donc aucun droit à faire valoir sur les populations inallemandes échappées à son sceptre, mais rien ne s'opposerait à ce qu'il demeurât membre souverain de l'empire, comme monarque allemand.

Les mêmes principes pourraient être invoqués contre tous les prétendants se trouvant dans la même position, lesquels ne sont que des rois éventuels qui auraient pu ne pas parvenir au trône, et qui, le cas échéant, n'auraient ni le droit ni le pouvoir de s'opposer à une diminution domaniale, réclamée par la raison, l'équité et au besoin par la force.

Mais tous les prétendants ne sont pas dans le même cas ; il en est qui, devant perdre la totalité de leur domaine, se montreraient plus récalcitrants ; tel serait, sans doute, le comte de Flandres, second fils du roi des Belges, si Léopold II, son frère aîné, venait à mourir sans postérité.

Les souverains à domaine réduit, auraient encore intérêt à maintenir la paix générale, ne fût-ce que pour conserver ce qui leur resterait, mais ces princes découronnés, n'ayant plus rien à perdre, seraient une cause incessante de désordre, si le Congrès n'y portait remède.

Heureusement cela lui serait facile ; n'aurait-il pas plusieurs couronnes à proposer, et ne seraient-elles pas une garantie de stabilité pour ceux de ces princes qui les accepteraient ?

Mais d'après nos principes, chacun des souverains des nouveaux États devant appartenir à la nation qu'il serait chargé de gouverner, le comte de Flandres, par exemple, pas plus que le duc d'Oporto, second fils de la reine de Portugal, n'étant d'aucune de ces nationalités, ne pourraient être offerts pour aucun des trônes disponibles ; alors, le Congrès emploierait un autre moyen de conciliation :

L'Espagne qui, à la mort de don Pedro V, frère aîné du duc d'Oporto, hériterait de la couronne de Portugal, l'Espagne a des colonies habitées, comme la plupart d'entre elles , par une population mélangée, d'une nationalité douteuse, et qu'on peut sans grand inconvénient faire passer d'un sceptre sous un autre. Or, cette population étant à peu près équivalente à celle du Portugal continental et açoréen, l'Espagne pourrait céder, en échange, à l'héritier éventuel de ce royaume, toutes ses colonies, à l'exception toutefois des présides d'Afrique et de l'archipel des Canaries.

Les autres colonies espagnoles (les Philippines, les Mariannes, Cuba, Porto-Rico), réunies à celles que possède déjà le Portugal, formeraient un royaume extra-européen, domaine de la maison de Bragance-Cobourg.

Enfin, si, malgré ces divers moyens, le Congrès ne pouvait parvenir à concilier les intérêts des Souverains avec ceux des Nations, avant de recourir à la force, il pourrait encore faire usage d'une dernière ressource ; celle des indemnités en argent.

Le but à atteindre ennoblirait ce moyen vulgaire, en lui ôtant le caractère de mercantilisme, dont il fut empreint par la vénalité des souverains, qui pendant longtemps, disposèrent de leurs peuples comme d'une chose à eux appartenant, les donnant, les vendant, les mettant même en gage, ainsi que l'a fait, au quatorzième siècle, Sigismond, électeur de Brandebourg.

Il est permis d'espérer qu'à l'aide de ces divers moyens, le Congrès pourrait, sans violence, rétablir les nationalités européennes, en constituant les dix-huit Peuples suivants :

| | | |
|---|---|---|
| *Gaëls.* | *Finnois.* | *Poloczeckes.* |
| *Français.* | *Scandinaves.* | *Illyserbes.* |
| *Italiens.* | *Anglais.* | *Bulgares.* |
| *Espagnols.* | *Allemands.* | *Albanais.* |
| *Basques.* | *Lithuaniens.* | *Hellènes.* |
| *Hongroumans.* | *Russes.* | *Turcs.* |

## XII

Le Congrès ayant alors accompli sa mission de réorganisation, se dissoudrait de plein droit; mais les puissances nouvelles, sentant quelle force immense leur donnerait leur union, établiraient un nouveau Congrès permanent, chargé de constituer et de maintenir l'unité de l'Europe, intérieurement et extérieurement;

Intérieurement : en permettant, par la réalisation de la paix, de licencier la plus grande partie des armées particulières, et de ne conserver qu'une armée et une flotte uniques, pour la défense du territoire européen; en s'efforçant de réaliser peu à peu l'unité des douanès, des monnaies, des poids et mesures, du langage, etc.

Extérieurement, en faisant représenter l'Europe entière, auprès des puissances qui lui sont étrangères, par un seul ambassadeur, symbole de la solidarité qui unirait entre elles les puissances européennes.

Chacune de celles-ci serait représentée au Congrès par autant de plénipotentiaires qu'elle posséderait de millions d'habitants, en terme moyen. Ainsi 500 à 1,500,000 habitants (terme moyen, 1 million), donneraient droit à un plénipotentiaire; 1,500,000 à 2,500,000 (terme moyen, 2 millions), à deux; 2,500,000 à 3,500,000 (terme moyen, 3 millions), à trois; et ainsi de suite.

On voit maintenant pourquoi je n ai pas admis de nation au-dessous de 500,000 habitants, c'est que, pour qu'elle eût au moins un représentant au Congrès, il aurait fallu abaisser la moyenne et multiplier proportionnellement les plénipotentiaires qui seront déjà assez nombreux.

## XIII

Le Congrès ainsi formé, devrait avoir pour résidence, une ville située vers le centre des États, qui ne serait point une de leurs capitales, et digne cependant de devenir celle de l'Europe.

Vienne réunit ces conditions; placée sur les limites de l'Allemagne et de la Hongroumanie, et n'étant naturellement la capitale ni de l'une ni de l'autre, elle serait déclarée ville neutre, n'appartiendrait à aucune puissance et ne relèverait que du conseil suprême établi dans son sein.

## XIV

Après avoir esquissé à grands traits la configuration physique de l'Europe, j'ai essayé de raconter succinctement l'histoire des émigrants qui sont venus l'habiter, en terminant par une revue des Peuples actuels que ces migrations y ont laissés. Sur cette base, j'ai cherché à établir une constitution rationnelle de l'Europe, en la partageant entre dix-huit Nationalités, comprenant les vingt principaux Peuples; puis, je n'ai eu besoin que de mettre en regard la constitution actuelle, pour faire ressortir la défectuosité de cette dernière; alors, partisan dévoué de l'équité, mais ennemi de toute violence, j'ai offert un moyen pacifique de passer successivement et sans secousse, d'un état à l'autre ; enfin, supposant ce fait réalisé, j'ai indiqué la manière de produire l'unité, au sein des diverses Nations européennes ; maintenant il ne me reste plus qu'à remercier le lecteur, qui a bien voulu me suivre jusqu'ici, malgré des détails parfois fastidieux et un style en harmonie avec eux.

Aux lecteurs bienveillants qui, tout en approuvant mes idées, craindraient qu'elles ne restassent éternellement un rêve, je ne puis que répondre : regardez autour de vous, de toutes parts les peuples opprimés, en Pologne, en Allemagne, en Italie, en Hongrie, protestent de toutes manières contre leurs oppresseurs ; un rêve ! ah ! ceux-là rêvent qui, endormis sur leurs trônes, croyent qu'un peuple patient est un peuple résigné ; mais les idées et l'exemple de la France porteront leurs fruits, et si le présent peut m'accuser de folie, j'en appelle à l'avenir ; car, malgré la compression actuelle de la force démocratique, le temps n'est pas loin peut-être où, d'un bout de l'Europe à l'autre, les souverains seront réveillés de leur torpeur par le retentissement des fers que les peuples enchaînés secoueront sur leurs têtes en criant : Liberté ! LIBERTÉ ! ! **LIBERTÉ** ! ! !

FIN.

www.ingramcontent.com/pod-product-compliance
Lightning Source LLC
LaVergne TN
LVHW010057230826
846091LV00005B/1976

* 9 7 8 2 0 1 3 2 5 9 5 0 7 *